Bibliografische Information der Deutschen Nationalbibliothek:

Die Deutsche Bibliothek verzeichnet diese Publikation in der Deutschen National-
bibliografie; detaillierte bibliografische Daten sind im Internet über http://dnb.d-
nb.de/ abrufbar.

Impressum:

Copyright © 2007 GRIN Verlag, Open Publishing GmbH
Druck und Bindung: Books on Demand GmbH, Norderstedt Germany
ISBN: 9783668398078

Dieses Buch bei GRIN:

http://www.grin.com/de/e-book/114584/theory-of-inventive-problem-solving-triz

Axel Burkhardt

Theory of inventive problem solving (TRIZ)

GRIN Verlag

GRIN - Your knowledge has value

Der GRIN Verlag publiziert seit 1998 wissenschaftliche Arbeiten von Studenten, Hochschullehrern und anderen Akademikern als eBook und gedrucktes Buch. Die Verlagswebsite www.grin.com ist die ideale Plattform zur Veröffentlichung von Hausarbeiten, Abschlussarbeiten, wissenschaftlichen Aufsätzen, Dissertationen und Fachbüchern.

Besuchen Sie uns im Internet:

http://www.grin.com/

http://www.facebook.com/grincom

http://www.twitter.com/grin_com

Seminararbeit im Sommersemester 2007 an der Julius-Maximilians-Universität Würzburg, abgegeben am 12.06.2007.

Theory of Inventive Problem Solving (TRIZ)

von Axel Burkhardt

1	Theory of Inventive Problem Solving (TRIZ)	1
1.1	Geschichte von TRIZ	2
1.2	Vorgehensweise	3
1.3	Klassische Kreativitätswerkzeuge	3
2	TRIZ-Werkzeuge	4
2.1	Innovationscheckliste	5
2.2	Ideales Endresultat (IER)	8
2.3	Problemformulierung	9
2.4	Operator MZK	10
2.5	Zwerge-Methode	10
2.6	Antizipierende Fehlererkennung (AFE)	11
2.7	Widersprüche	11
2.7.1	Technische Widersprüche / Widerspruchsanalyse	12
2.7.2	Physikalische Widersprüche	14
2.8	Stoff-Feld-Analyse (SFA)	15
2.9	Evolutionsprinzipien	16
2.10	ARIZ	18
3	Anwendung von TRIZ	19
3.1	TRIZ zur Senkung der Herstellkosten	19
3.2	Business-TRIZ	20
3.3	TRIZ-Software	21
4	Best Practice: Wittenstein AG	21
4.1	TRIZ bei der Wittenstein AG	22
4.2	Entwicklung FITBONE®	22
5	Kritik an TRIZ	24
	Quellenverzeichnis	25

1 Theory of Inventive Problem Solving (TRIZ)

Erfolgreiche Unternehmen zeichnen sich dadurch aus, dass sie Wettbewerbsvorteile gegenüber ihren Konkurrenten haben. Der immer größer werdende Wettbewerbsdruck durch zunehmende Globalisierung und durch immer kürzere Produktlebenszyklen und Entwicklungszeiten zwingt Unternehmen zu innovativen Ideen. Innovation bedeutet, neue Ideen bzw. Erfindungen zu generieren und diese wirtschaftlich umzusetzen [GIMP00, S. 1]. Die Forderung nach Innovation ist unumstritten, jedoch in der Praxis nicht immer leicht realisierbar. Die wichtigste Aufgabe für das Management besteht darin, Wege zu finden, um die Innovationsfähigkeit zu erhöhen. Immer mehr erfolgreiche Unternehmen stoßen bei dieser Frage auf einen völlig neuen Denkansatz: Die TRIZ-Methode.

TRIZ ist das russisches Akronym für „Teoria reshenija izobretatjelskich zadacz" und bedeutet soviel wie die „Theorie des erfinderischen Problemlösens" (engl. TIPS für Theory of Inventive Problem Solving) [KLEI07, S. 1]. Nach vielen bekannten Kreativitätstechniken wie dem *Brainstorming* oder der *Trial and Error*-Methode ist TRIZ der erste Ansatz der sich damit beschäftigt, wie man **systematisch** Lösungen für Probleme findet. Galt Systematik und Kreativität lange Zeit als widersprüchlich, so soll in dieser Arbeit mit TRIZ ein Ansatz vorgestellt werden, der diesen Widerspruch auflöst. Es werden verschiedene Methoden vorgestellt, die es ermöglichen, die Entwicklungsdauer von Innovationen anhand von geregelten Vorgehensweisen bzw. Leitfäden zu reduzieren. Obwohl sich TRIZ aus technischen Bereichen heraus entwickelt hat, sind viele der in dieser Arbeit vorgestellten Lösungsansätze auch für andere Bereiche anwendbar. Beispiele am Ende dieser Arbeit werden dies verdeutlichen.

1.1   Geschichte von TRIZ

Entwickelt wurde die Methode TRIZ ab 1946 durch Generich Saulowich Altshuller in der ehemaligen Sowjetunion. Als Patentoffizier der russischen Marine analysierte und katalogisierte Altshuller tausende Patente mit dem Ziel eine Systematik bei Erfindungen zu erkennen. Er kam dabei zu dem Ergebnis, dass bestimmte Probleme immer nach denselben Prinzipien gelöst wurden. Auch wenn sich die Lösungen oftmals im Ergebnis unterschieden, stellte er fest, dass Neuentwicklungen zu einem Großteil immer nach dem gleichen Muster ablaufen. Diese Erkenntnis führte zu einem grundlegenden Baustein der TRIZ-Forschung, der sog. Widerspruchsanalyse (vgl. Kap. 2.7.1).

Der Vorschlag, seine entwickelte Technik zur Steigerung der russischen Wettbewerbsfähigkeit einzusetzen, wurde von Stalin als Systemkritik empfunden. Daraufhin wurde Altshuller zu 25 Jahren Gefängnis verurteilt. In dieser Zeit konnte er jedoch mit weiteren verurteilten Wissenschaftlern weiter an seiner TRIZ-Methodik arbeiten. Aber auch in der Zeit nach seiner Freilassung wurde TRIZ nur im Untergrund gelehrt und von ihm durch Science-Fiction-Bücher, unter dem Pseudonym Henry Altov, verbreitet. Erst der Fall des Eisernen Vorhangs ermöglichte die Weiterverbreitung von

TRIZ in die USA. Hier wurden seit den 90er Jahren auch erste Consulting- und Software-Unternehmen gegründet, die sich auf die Anwendung von TRIZ spezialisierten. Auch in Deutschland findet TRIZ immer mehr Verbreitung [GIMP00, S. 1-5; KLEI07, S. 5-6].

1.2 Vorgehensweise

Die systematische Vorgehensweise bei TRIZ veranschaulicht das Modell in Abbildung 1. Zunächst wird das vorliegende Problem exakt formuliert. Durch Abstraktion dieser Problemformulierung in eine standardisierte Form wird das spezielle Problem auf eine vergleichbare Ebene gebracht. Für die

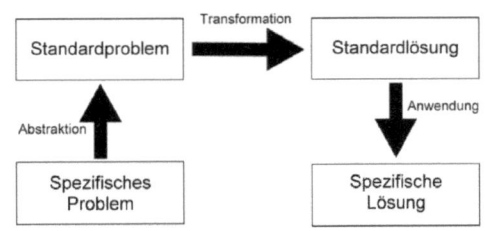

Abb. 1: TRIZ-Vorgehensweise (in Anlehnung an [KLEI07, S. 10])

Lösung der Standardprobleme existieren abstrakte Standardvorschläge. Auf Grundlage dieser Standardvorschläge entwickeln sich Antworten für das spezielle Problem [KLEI07, S. 9-10].

Es darf jedoch nicht der Anschein erweckt werden, dass diese allgemein gültigen Standardlösungen auf Anhieb das Problem beseitigen und kreatives Denken überflüssig wird. Vielmehr dient diese Vorgehensweise dazu, bestehende Denkblockaden aufzuheben und zu möglichen Lösungsansätzen zu führen. Die klassischen Kreativitätstechniken, auf deren Basis sich TRIZ entwickelt hat, sind auch weiterhin hilfreiche Mittel zur Ideengewinnung [ZOBE06, S. 5].

1.3 Klassische Kreativitätswerkzeuge

Die auch heute noch am häufigsten verwendete und verbreitete Methode zur Ideenfindung ist die *Versuch und Irrtum*-Methode (*Trial and Error*). Ein möglicher Lösungsweg wird verfolgt und getestet. Wird das Ziel nicht erreicht, geht man zum nächsten möglichen Lösungsweg über.

Eine ähnliche Kreativitätstechnik ist das *Brainstorming*. Hier werden zunächst Gedanken zu einer bestimmten Problemstellung gesammelt. Im Unterschied zur *Trial and Error-Methode* findet das *Brainstorming* jedoch in einer Gruppe statt. Der Vorteil dabei ist, dass die Gedanken aller Gruppenmitglieder durch Ideen der anderen weiter stimuliert werden [ZOBE06, S. 5-6].

Eine anspruchsvollere Methode ist die 1961 von Gordon entwickelte *Synektik*. Nach einer ersten Problemdefinition wird mit Hilfe von Analogien aus der Natur, der Technik und dem persönlichen Umfeld nach Lösungen gesucht. Nach Analyse und Auswahl der vorgeschlagenen Analogien wird versucht diese auf die aktuelle Problemstellung zu übertragen [ZOBE06, S. 9-10; GIMP00, S. 20-24].

Die hier vorgestellten klassischen Kreativitätstechniken geben nur einen kleinen Überblick über die Gesamtheit der über hundert Möglichkeiten. Für einen umfassenden Überblick sämtlicher klassischer Kreativitätstechniken wird auf die Literatur verwiesen [ZOBE06, S. 5-12; GIMP00, S. 10-34].

2 TRIZ-Werkzeuge

Die heutige TRIZ-Methode besteht aus zahlreichen Werkzeugen. Diese werden entsprechend ihrer unterschiedlichen Funktionsweise in vier Kategorien (Säulen) unterteilt (vgl. Abb. 2):

1. **Systematik:**

   Unter der Säule der Systematik werden Werkzeuge zusammengefasst, die das Problem durch systematisches Vorgehen analysieren und so zu einem besseren Verständnis der ablaufenden Prozesse führen [GIMP00, S.47-60].

2. **Wissen:**

   Hierunter versteht man das gesamte verfügbare und bereits existierende Wissen. Dazu gehören u.a. Internet- oder Patentrecherchen und die Effekte-Datenbank, auf die in dieser Arbeit nicht näher eingegangen wird [GIMP00, S. 61-68].

3. **Analogie:**

   Zunächst wird das vorliegende Problem in abstrakter Form beschrieben und passende Standardlösungen aufgezeigt. Diese werden auf das konkrete Problem übertragen (vgl. Kap. 1.2) [GIMP00, S. 69-97].

4. **Vision:**

   Die Werkzeuge der letzten Säule helfen bei dem Finden von futuristischen Entwicklungspotentialen [GIMP00, S. 99-112].

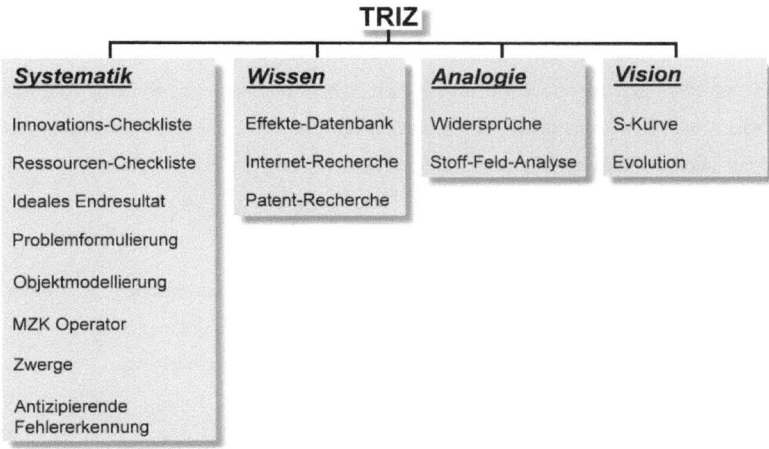

Abb. 2: Einordnung der TRIZ-Werkzeuge (in Anlehnung an [GIMP00, S. 8])

Sämtliche Werkzeuge sind nicht nur einzeln, sondern auch in Verbindung miteinander zu betrachten. Welche Werkzeuge am besten geeignet sind, hängt von der Problemstellung als auch von der Persönlichkeit und der Erfahrung des Anwenders ab [MIEC07].

2.1 Innovationscheckliste

Viele Entwickler und Erfinder sind der Meinung, dass eine Problemlösung schon alleine durch ein gut beschriebenes bzw. definiertes Problem gefunden werden kann [MIEC07]. Die genaue Problemdefinition dient als Grundlage für die Anwendung der TRIZ-Werkzeuge. *Die Innovationscheckliste (ICL) liefert dafür die Grundlage.* Bereits während der systematischen Abarbeitung der insgesamt sieben Unterpunkte entwickeln sich bereits mögliche Angriffspunkte und Potentiale für innovative Lösungskonzepte. Hauptsächlich dient die ICL jedoch der Analyse der Ist-Situation und dem konsequenten Sammeln und Dokumentieren sämtlicher Informationen [ZOBE06, S. 114-116; GIMP00, S. 47-51].

1. Informationen zum System und dessen Umfeld

Zunächst wird das Problem kurz beschrieben. Um Personen ohne direkten Bezug zu dem Thema in die Problemstellung einzuführen, verwendet man anstelle von Fachbegriffen umgangssprachliche Formulierungen.

2. Informationen über das zu verbessernde System und dessen Umfeld

Neben der Systembezeichnung werden in diesem Abschnitt die primären, nützlichen Hauptfunktionen aber auch die schädlichen Nebenfunktionen des Systems beschrieben, sowie die vorhandenen untergeordneten Systeme und deren Verknüpfungen. Aber auch die äußeren Einflüsse, die auf das System einwirken, werden dokumentiert.

3. Informationen zur Problemsituation

Unter diesem Punkt wird das zu lösende Problem genauer beschrieben. Man unterscheidet unterschiedliche Aufgabenstellungen zur Verbesserung eines Systems:

- Beseitigung der Fehlfunktion bzw. der schädlichen Wirkung

- Auffinden der Fehlerursache

- Produkt-, Prozess-, Bauteil- oder Operationsverbesserung

- Feststellung der Systemgrenzen

- Beschreibung der Konsequenzen bei Scheitern der Problembeseitigung

- Suche nach Alternativlösungen in über- bzw. untergeordneten Systemen

4. Beschreibung des idealen Endresultates (IER)

Das IER beschreibt den wünschenswerten Zustand des Systems nach der Problemlösung. Der ideale Endzustand bedeutet, dass die nützliche Funktion erfüllt ist und keine schädlichen Funktionen mehr stören. Die Vorgehensweise zur Beschreibung des idealen Endresultates ist ein separates TRIZ-Werkzeug und wird im folgenden Kapitel ausführlicher beschrieben.

5. Verfügbare Ressourcen

Der effiziente Einsatz aller vorhandenen Ressourcen spielt für Systemverbesserungen eine entscheidende Rolle. Folgende Ressourcen sind relevant: Stoffe, Felder, Raum, Informationen und Funktionen (vgl. Abb. 3).

a) Stoffliche Ressourcen	d) Zeitliche Ressourcen
> Abfall	> im Voraus arbeiten
> Rohmaterialien und Produkte	> Vertakten
> Systembestandteile	> Parallel Arbeiten
> Preiswerter Stoff	> Nacharbeiten
> Substanzfluß	
> Substanzeigenschaften	e) Informationsressourcen
	> Information durch Substanz
b) Feldförmige Ressourcen	selbst überbracht
> Energie im System	> Information ist inhärente
> Energie aus der Umgebung	Eigenschaft
> Auf mögliche Energiequellen	> Bewegliche Information
aufbauen	> Temporäre, flüchtige Information
> Abfall des Systems wird zur	> Information über eine
Energiequelle des Systems	Zustandsänderung
c) Räumliche Ressourcen	f) Funktionale Ressourcen
> Leerraum	> Primäre Funktion bietet
> Andere Dimension	selbst Ressourcen
> Vertikale Anordnung	> Schädliche Effekte nutzen
> Verschachtelung	> Sekundäre und Hilfsfunktionen
	nutzen

Abb. 3: Ressourcen-Checkliste (in Anlehnung an [GIMP00, S. 49])

Diese einzelnen Ressourcen sind weiter daraufhin zu analysieren, ob sie in ihrer ursprünglichen Form verwendet werden können oder adaptiert werden müssen. Die systematische Ressourcen-Analyse bringt häufig überraschende Ideen hervor [GIMP00, S. 48].

6. Zulässige Systemveränderungen

Nicht immer sind die gefundenen Lösungen umsetzbar. In den meisten Fällen müssen Restriktionen (z. B. rechtliche Vorschriften) beachtet werden. Diese bestimmten Anforderungen und Voraussetzungen an das System müssen untersucht werden.

7. Auswahlkriterien für Lösungskonzepte

Als letzter Punkt bei der systematischen Informationssammlung werden Entscheidungskriterien festgelegt. Wichtige Punkte hierbei sind neben den wirtschaftlichen Aspekten auch marketingstrategische Überlegungen, Bedienungs- und Wartungsfreundlichkeit, technische Eigenschaften sowie das Erscheinungsbild. Anhand dieser Kriterien werden die entwickelten Lösungskonzepte analysiert und bewertet.

2.2 Ideales Endresultat (IER)

Das Konzept des *idealen Endresultates (IER)* spielt bei TRIZ eine entscheidende Rolle. Durch die Formulierung des IER wird das optimale System in abstrakter Form beschrieben. Optimal wäre ein System, wenn es nicht existieren, aber seine Funktionen trotzdem zur Verfügung stehen würden [GIMP00, S. 35].

Ein Beispiel liefert das regelmäßige, kraft- und zeitaufwändige Rasenmähen. Auf die Definition bezogen würde das IER folgendermaßen formuliert werden: Der Rasenmäher ist nicht mehr nötig, aber der Rasen bleibt trotzdem kurz. Die Lösung ist ein durch chemische Mittel wachstumsgehemmter Rasen oder der Kunstrasen [KLEI07, S. 31-32].

Allein der Gedanke an ein „optimales" System stimuliert das zielgerichtete Denken. Der Grad der Idealität lässt sich durch folgende Formel darstellen [GIMP00, S. 36]:

$$\text{Idealität} = \frac{\text{Summe aller nützlichen Funktionen}}{\text{Summe aller schädlichen Funktionen}}$$

Sechs Schritte helfen dabei, die Idealität zu erhöhen [GIMP00, S. 37; KLEI07, S. 152-155]:

1. Eliminiere unterstützende (Hilfs-)Funktionen

Innerhalb einer Konzeption wird zwischen Haupt- und Hilfsfunktionen unterschieden, wobei die unterstützenden Hilfsfunktionen oftmals nur einen mittelbaren Beitrag leisten und sich folglich eliminieren lassen. Die Hauptfunktion wird dabei nicht eingeschränkt.

2. Minimiere die Anzahl der Teile

In vielen Systemen finden sich Komponenten, die bei genauerer Analyse weggelassen werden können. Die Funktionen der entfernten Komponenten kann von anderen Elementen innerhalb des Systems übernommen werden.

3. Erkenne Selbsttätigkeitspotentiale

Systeme sollten untersucht werden, ob sie Selbstregelungs- bzw. Selbststeuerungspotentiale aufweisen. So wird z. B. die Bewegung des Armes dazu verwendet, um eine Automatik-Armbanduhr aufzuziehen.

4. Ersetze Einzelteile, Baugruppen oder das ganze System

Teure Teile können unter Umständen durch billigere Bauteile ersetzt werden.

5. Ändere das Funktionsprinzip

Durch Änderung des Funktionsprinzips kann ein System zu höherer Idealität gelangen. Z. B. der Wechsel von Nadel- zum Tintenstrahldrucker, der schneller, besser und geräuschärmer arbeitet.

6. Nutze vorhandene Ressourcen

Das System ist daraufhin zu untersuchen, ob es möglicherweise ungenutzte Potentiale besitzt. Zum Beispiel kann die in Kraftwerken entstehende Wärme als Heizung verwendet werden.

2.3 Problemformulierung

Die *Problemformulierung* hat die Aufgabe, ein großes komplexes Problem durch Unterteilung in mehrere kleinere Unterprobleme darzustellen. Durch Lösen der einzelnen, kleinen Unterprobleme löst sich meistens das Hauptproblem. Hierfür werden zwei unterschiedliche Methoden angewandt. Die *Funktionsmodellierung* und die *Objektmodellierung*. Da sich die beiden Methoden nur geringfügig unterscheiden, die prinzipielle Funktionsweise jedoch identisch ist, wird auf eine weitere Differenzierung der beiden Methoden im Folgenden verzichtet (vgl. dazu [GIMP00, S. 51-59; KLEI07, S. 105-113]).

Im Vordergrund steht zunächst eine visuelle Darstellung durch spezielle Symbole. Das Gesamtproblem wird in Form seiner einzelnen Funktionen beschrieben und durch Pfeile mit bestimmten Eigenschaften verknüpft. Es wird unterschieden zwischen nützlichen bzw. schädlichen Funktionen. Die Summe dieser Funktionen beschreibt den Gesamtnutzen des Systems.

Aus Abbildung 4 ist diese Art der Darstellung für die Wartezeit im Biergarten ersichtlich.

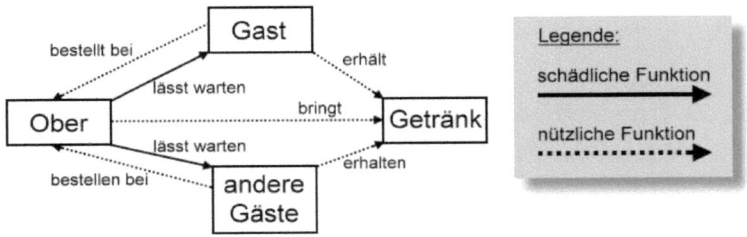

Abb. 4: Objektmodellierung: Wartezeit im Biergarten (in Anlehnung an [GIMP00, S. 58])

Nach der Modellierung der Funktionen werden nun die einzelnen Teilprobleme analysiert. Folgende Vorgehensweisen zur Problemlösung sind denkbar:

- nützliche Funktionen verstärken oder Alternativen finden (wie kann „Gast gibt Bestellung auf" verbessert werden? → elektronische Bestellung über Computer am Tisch).

- schädliche Funktionen eliminieren oder Vorteil daraus ziehen (wie kann „Gast wartet" eliminiert werden? → Selbstbedienung).

2.4 Operator MZK

MZK steht für die Operatoren Material, Zeit und Kosten. Hinter dieser Idee steckt ein Extrem-Denken. Man überlegt sich, wie ein System oder ein Objekt verbessert werden kann, wenn man beliebig viel an Material, Zeit und Geld zur Verfügung hätte. Typische Fragestellungen sind: Wie kann ich mein System verbessern wenn ich unendlich viel an Energie oder Rohstoffen habe?

Aber auch der gegensätzliche Ansatz, gar nichts von den Operatoren zur Verfügung zu haben, wird untersucht. Durch diese Überlegungen wird ein System in seinen möglichen Ausprägungsformen eingegrenzt. Auch wenn die meisten Überlegungen zunächst unrealistisch erscheinen, findet man in seinen Ergebnissen mögliche Ansätze zur Systemverbesserung. Diese systematische TRIZ-Methode dient dem Abbau von Denkblockaden.

Ein beeindruckendes Beispiel liefert die Computerbranche. In den 70er Jahren gab es fast nur teure und in ihren Funktionen eingeschränkte Großrechner in zentralen EDV-Abteilungen. Auf Basis der Operatoren MZK, d.h. durch Überlegung wie ein Computer kleiner, billiger und leistungsfähiger werden kann, entwickelte sich die Vision von kleinen leistungsfähigen Personal-Computern, die für jeden Haushalt erschwinglich sind [GIMP00, S. 38-39; KLEI07, S. 147-150].

2.5 Zwerge-Methode

Eine sehr einfache und schnelle Möglichkeit Probleme zu lösen ist die *Zwerge-Methode*. Bei dieser Methode versetzt sich der Erfinder in das System hinein. Das Ziel ist, dass man eine Vorstellung davon bekommt, wie sich das System fühlt und wie es auf bestimmte Einflüsse reagiert. Veranschaulicht wird dies durch den Einsatz von kleinen Zwergen (engl. SLP für smart little people). Diese kleinen Zwerge haben die Eigenschaft, intelligent, kooperativ und selbstlos zu sein [GIMP00, S. 40-43]. Wie verhalten sich die Zwerge um das Problem lösen?

Ein Beispiel für das Gedankenmodell der Zwerge ist die Lackierung von Zylindern. Bei der manuellen Lackierung wird die Farbe oft zu dick und zu ungleichmäßig aufgetragen. Die Zwerge verhalten sich nun wie Farbpartikel und klammern sich am Zylinder fest. Dreht man den Zylinder mit hoher Geschwindigkeit, werden die Zwerge, die sich nicht direkt an der Zylinder-Oberfläche festhalten können, durch die Zentrifugalkraft der Rotation wieder entfernt. Auf das reale Problem übertragen bedeutet dies, dass durch Rotation eine gleichmäßige Lackierung entsteht [KLEI07, S. 143-144; ALTS98, S. 118-122].

2.6   Antizipierende Fehlererkennung (AFE)

Unter *antizipierende Fehlererkennung* bzw. *Anticipatory Failure Determination (AED)* versteht man die vorbeugende Fehleranalyse. Dabei wird bewusst versucht, ein System zum Versagen zu bringen bzw. einen bestimmten Fehler zu erzeugen. So gewinnt man ein Verständnis von potentiellen Schwachstellen in bestehenden Systemen und kann diese durch Innovationen in Zukunft vermeiden. Folgendes Arbeitsschema wird bei der AFE verwendet [KLEI07, S. 161-165; LIVO02, S. 31-37]:

1. Beschreibung der Problemsituation
2. Umformulierung zu einem inversen Problem
3. Verstärkung des inversen Problems
4. Lösungssuche für das inverse Problem
5. Identifizierung und Nutzung von Ressourcen
6. Suche nach verursachenden Effekten
7. erweiterte Lösungssuche
8. Rückinversion auf das Originalproblem
9. Vorkehrungen zur Fehlervermeidung und
10. Erweiterung des Erfahrungsschatzes

2.7   Widersprüche

Das Lösen von Widersprüchen durch Innovationsprinzipien ist das zentrale Instrument von Altshullers Forschungen und somit auch die am weitesten verbreitete TRIZ-Methode [ZOBE06, S. 48]. Er erkannte im Rahmen seiner Patentanalyse, dass innovative Problemlösungen nur dann zu Stande kamen, wenn ein Widerspruch bzw. Konflikt vorlag. Widersprüche dienen der Analyse von Problemstrukturen und sind somit die Grundlage von Innovationen [GIMP00, S. 72]. Man unterscheidet zwischen technischen und physikalischen Widersprüchen.

2.7.1 Technische Widersprüche / Widerspruchsanalyse

Unter einem technischen Widerspruch versteht man zwei gegensätzliche Eigenschaften eines Systems. Die Verbesserung einer Eigenschaft hat eine Verschlechterung einer anderen Eigenschaft zur Folge. Beispielsweise zieht die Vergrößerung des Handy-Displays einen erhöhten Akku-Verbrauch oder ein höheres Gewicht nach sich. Um Eigenschaften von Systemen in standardisierter Form vergleichbar zu machen, erarbeitete Altshuller die wichtigsten Eigenschaften technischer Systeme. Mit den insgesamt 39 Widerspruchsparametern (vgl. Abb. 5) werden die wichtigsten Charakteristika von technischen Systemen zusammengefasst [GIMP00, S. 151-154].

1. Masse/Gewicht eines beweglichen Objektes	21. Leistung, Kapazität
2. Masse/Gewicht eines unbeweglichen Objektes	22. Energieverlust
3. Länge eines beweglichen Objektes	23. Materialverlust
4. Länge eines unbeweglichen Objektes	24. Informationsverlust
5. Fläche eines beweglichen Objektes	25. Zeitverlust
6. Fläche eines unbeweglichen Objektes	26. Materialmenge
7. Volumen eines beweglichen Objektes	27. Zuverlässigkeit (Sicherheit, Lebensdauer)
8. Volumen eines unbeweglichen Objektes	28. Messgenauigkeit
9. Geschwindigkeit	29. Fertigungsgenauigkeit
10. Kraft	30. Äußere negative Einflüsse auf das Objekt
11. Spannung oder Druck	31. Negative Nebeneffekte des Objektes
12. Form	32. Fertigungsfreundlichkeit
13. Stabilität der Zusammensetzung des Objektes	33. Bedienkomfort
14. Festigkeit	34. Reparaturfreundlichkeit
15. Haltbarkeit eines beweglichen Objektes	35. Anpassungsfähigkeit
16. Haltbarkeit eines unbeweglichen Objektes	36. Kompliziertheit der Struktur
17. Temperatur	37. Komplexität in der Kontrolle oder Steuerung
18. Helligkeit	38. Automatisierungsgrad
19. Energieverbrauch eines beweglichen Objektes	39. Produktivität (Funktionalität)
20. Energieverbrauch eines unbeweglichen Objektes	

Abb. 5: Die 39 technischen Widerspruchsparameter [KLEI07, S. 39]

Alle 39 Widerspruchsparameter werden in einer 39x39-Matrix (*sog. Widerspruchsmatrix*) aufgespannt. Die Zeilen beschreiben, welche Eigenschaft in einem System verbessert werden soll. Die Spalten geben Auskunft darüber, welche Eigenschaften sich dadurch verändern. Durch verschiedene Spalten-Zeilen-Kombinationen wird jeder Widerspruch eindeutig beschrieben.

Des Weiteren fand Altshuller heraus, dass sich die Lösungen der untersuchten Probleme durch insgesamt 40 allgemeine Lösungswege beschreiben lassen. Die sog. *40 innovativen Grundprinzipien* (vgl. Abb. 6) [GIMP00, S. 154-159] stehen im Schnittpunkt von Zeile und Spalte der Widerspruchsmatrix (vgl. Abb. 7).

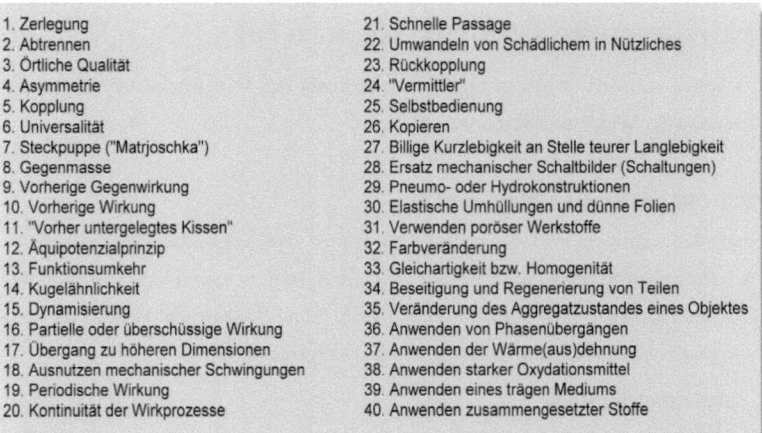

1. Zerlegung
2. Abtrennen
3. Örtliche Qualität
4. Asymmetrie
5. Kopplung
6. Universalität
7. Steckpuppe ("Matrjoschka")
8. Gegenmasse
9. Vorherige Gegenwirkung
10. Vorherige Wirkung
11. "Vorher untergelegtes Kissen"
12. Äquipotenzialprinzip
13. Funktionsumkehr
14. Kugelähnlichkeit
15. Dynamisierung
16. Partielle oder überschüssige Wirkung
17. Übergang zu höheren Dimensionen
18. Ausnutzen mechanischer Schwingungen
19. Periodische Wirkung
20. Kontinuität der Wirkprozesse
21. Schnelle Passage
22. Umwandeln von Schädlichem in Nützliches
23. Rückkopplung
24. "Vermittler"
25. Selbstbedienung
26. Kopieren
27. Billige Kurzlebigkeit an Stelle teurer Langlebigkeit
28. Ersatz mechanischer Schaltbilder (Schaltungen)
29. Pneumo- oder Hydrokonstruktionen
30. Elastische Umhüllungen und dünne Folien
31. Verwenden poröser Werkstoffe
32. Farbveränderung
33. Gleichartigkeit bzw. Homogenität
34. Beseitigung und Regenerierung von Teilen
35. Veränderung des Aggregatzustandes eines Objektes
36. Anwenden von Phasenübergängen
37. Anwenden der Wärme(aus)dehnung
38. Anwenden starker Oxydationsmittel
39. Anwenden eines trägen Mediums
40. Anwenden zusammengesetzter Stoffe

Abb. 6: Die 40 innovativen Grundprinzipien nach Altshuller [ZOBE06, S. 132-137; KLEI07, S. 51]

sich verschlechternder Parameter → zu verbessernder Parameter ↓	1 Masse des beweglichen Objekts	2 Masse des unbeweglichen Objekts	...	19 Energieverbrauch des bewegten Objekts	...	38 Automatisierungsgrad	39 Produktivität
1	Masse des beweglichen Objekts	X	alle		35 12 34 31		28 35 18 19	35 3 24 37
2	Masse des unbeweglichen Objekts	alle	X		alle		2 26 35	1 28 15 35
...				X				
19	Energieverbrauch des bewegten Objekts	12 18 28 31	alle		X		32 2	12 28 35
...						X		
38	Automatisierungsgrad	28 26 18 35	28 26 35 10		2 32 13		X	
39	Produktivität	35 26 24 37	28 27 15 3		35 10 38 19			X

Abb. 7: Widerspruchsmatrix nach Altshuller (in Anlehnung an [GIMP00, S. 160-171])

Wie man in der Widerspruchsmatrix sieht, werden pro Schnittpunkt bis zu vier IGPs vorgeschlagen. In der Regel werden für eine Problemlösung mehrere Widersprüche formuliert. Liefern die unterschiedlichen Schnittpunkte gleiche Lösungen, so sind diese Prinzipien sehr Erfolg versprechend. Manche Schnittpunkte geben keine konkrete Auskunft über mögliche IGPs. In diesen Fällen sind alle 40 IGPs durchzugehen [LIVO02, S. 252]. Da sowohl die IGPs als auch die technischen Widerspruchsparametern sehr abstrakt formuliert sind, wird für nähere Beschreibungen auf die Literatur verwiesen [GIMP00, S. 151-159; ALTS98, S. 133-145].

In Kapitel 4.2 wird an einem praktischen Beispiel der Wittenstein AG die Vorgehensweise der Widerspruchsanalyse erläutert.

2.7.2 Physikalische Widersprüche

Unter physikalischen Widersprüchen versteht man zwei gegensätzliche Zustände eines technischen Systems. Zum Beispiel soll ein System heiß und kalt oder groß und klein sein [KLEI07, S. 40 f.; GIMP00, S. 81-83]. Um physikalische Widersprüche zu lösen existieren vier allgemein gültige Separationsprinzipien:

1. Separation im Raum

Hier wird überprüft ob sich die gegensätzlichen Merkmalsausprägungen räumlich trennen lassen. Eine Klimaanlage hat die Aufgabe einen Raum zu kühlen, erzeugt aber gleichzeitig Wärme. Um diesen Widerspruch zu lösen, wird die Klimaanlage so installiert, dass der Wärme erzeugende Motor außerhalb des Raumes liegt.

2. Separation in der Zeit

Auch durch zeitliche Trennung lassen sich physikalische Widersprüche lösen. Beim Flugzeug besteht der Widerspruch, dass zum Starten und Landen ein Fahrwerk benötigt wird, im Flug dadurch jedoch die Aerodynamik verschlechtert wird. Dieser Widerspruch wird gelöst, indem das Fahrwerk in der Zeit, in der es nicht benötigt wird, eingefahren wird [KLEI07, S. 141].

3. Separation innerhalb eines Objektes und seiner Teile

Ein Beispiel für die Separation innerhalb eines Objektes und seiner Teile liefert der Rumpf eines Bootes. Wegen des Wasserwiderstandes sollte er möglichst schmal, aus Stabilitätsgründen jedoch möglichst breit sein. Der Widerspruch wird gelöst, wenn man den Rumpf in zwei schmale Bootsrümpfe teilt und zu einem Katamaran verbindet [GIMP00, S.83].

4. Separation durch Bedingungswechsel

Ein nützlicher und ein schädlicher Prozess werden getrennt, indem der physikalische Zustand verändert wird (fest, flüssig, gasförmig). Ein Beispiel ist der Torpedo, der trotz strömungsoptimierter Form im Wasser nur eine bestimmte Geschwindigkeit erreicht. Aufgrund der Umwandlung des Wassers in dampfförmigen Zustand durch Kavitation, bewegt sich der Torpedo in einer eigenen Dampfblase und erreicht dadurch deutlich höhere Geschwindigkeit [ZOBE06, S.120].

2.8 Stoff-Feld-Analyse (SFA)

Eine weitere TRIZ-Methode, die mit Hilfe von Analogien Lösungen findet, ist die *Stoff-Feld-Analyse* (russische Abkürzung: WEPOL). Sie wird eingesetzt zur Verbesserung von bestehenden Systemen.

Bei der SFA wird ein technisches System in seine abstrakten und physikalischen Grundelemente zerlegt. Jedes Minimal-System besteht aus 2 Objekten (Stoffen), die in gegenseitiger Wechselwirkung stehen. Die Wirkung aufeinander wird durch ein Feld (z. B. Gravitationsfeld, elektrisches Feld, Magnetfeld, etc.) ausgeübt [ZOBE06, S. 145-147; GIMP00, S. 87-97].

Vorgehensweise der Stoff-Feld-Analyse:

Zunächst werden die einzelnen Elemente (Stoffe, Felder) identifiziert und der Sachverhalt durch eine sog. Triade (vgl. Abb. 8) dargestellt. In diesem Modell wird der Prozess der Photosynthese betrachtet. Sonne und Pflanze sind die Stoffe, deren Wechselwirkung wird durch das Licht verursacht. Fällt ein Element weg, ist das System unvollständig. Fällt die Sonne aus so funktioniert die Photosynthese

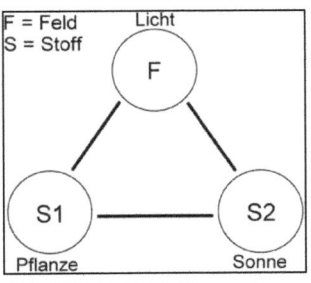

Abb. 8: SF-Modell für Photosynthese [GIMP00, S. 87]

nicht mehr. Der fehlende Stoff kann jedoch durch künstliches Licht ersetzt werden.

Die Wechselwirkungen zwischen den einzelnen Elementen spielen also eine entscheidende Rolle. Dabei unterscheidet man vier Grundmodelle [GIMP00, S. 87-93]:

  a) Unvollständiges System (Ziel: Vervollständigung bzw. Austausch des Systems)

b) Vollständiges, aber ineffizientes System (Ziel: Verbesserung der Effizienz)

c) Vollständiges, aber schädliches System (Ziel: Eliminierung des schädlichen Effektes)

d) Vollständiges System

Durch die Darstellung in Triaden-Form sind die Probleme in abstrakter Form beschrieben und es kann über die 76 Standardlösungen von Altshuller nach Lösungsvorschlägen gesucht werden. [ZOBE06, S. 147-154; LIVO02, S. 81-115; ALTS98, S. 55-69].

2.9 Evolutionsprinzipien

Viele Erfindungen lassen sich schon im Voraus erkennen, da sie immer dem identischen Entwicklungspfad folgen. Dieser lässt sich in sog. *S-Kurven* darstellen. Dabei werden vier Phasen in der Entwicklung unterschieden. Die Kindheitsphase, das Erwachsensein, die Reifephase sowie die Altersphase. Am Anfang existiert nur das Grundkonzept, das im Laufe der Zeit durch kleinere Entwicklungen eine höhere Technologiestufe erreicht und somit in der Erwachsenen- und Reifephase eine Marktreife erlangt. Je nachdem wie viel Potential in dem Grundkonzept steckt, desto länger hält die Weiterentwicklung des Systems an. Sind die Potentiale ausgereizt, wird nicht mehr in die Weiterentwicklung des Systems investiert, sondern man konzentriert sich auf neue Nachfolgekonzepte, die wieder neue Entwicklungspotentiale besitzen. Im Rahmen der Analyse von Entwicklungsphasen früherer Systeme entlang der S-Kurve lassen sich nun acht *Entwicklungsgesetze (EWG)* beschreiben [GIMP00, S. 103-108]:

1. Uneinheitliche Entwicklung der Systemteile

Jedes System besteht in der Regel aus mehreren Sub-Systemteilen. Bei der Entwicklung des Gesamtsystems ist zu beachten, dass sich die Sub-Systeme individuell weiterentwickeln. Das Sub-System, das die längste Zeit bei Innovationen in Anspruch nimmt, ist das schwächste Glied im Gesamtsystem und behindert somit den gesamten Innovationsprozess.

2. Evolution zu höherer Dynamik und Steuer- bzw. Regelbarkeit

Das Grundsystem wird ständig verbessert durch Erkennen und Beseitigung von Schwachstellen. Durch Erhöhung der Dynamik werden die Systeme flexibler. Die Entwicklung der Transportmittel verdeutlicht dies. Zunächst gab es an Schienen gebundene Eisenbahnen. Durch die Einführung des Automobils wurde die Beweglichkeit und Flexibilität erhöht. Flugzeuge erhöhen die Dynamik weiter. Ein visionärer Entwicklungstrend für den Transport ist das Beamen [GIMP00, S. 104].

3. Evolutionsverlauf über zunehmend komplizierte zu genial einfachen Systemen

Die Idee hinter diesem Entwicklungsgesetz wird auch als Trimmen bezeichnet. Durch systematische Analyse sämtlicher System-Komponenten bezüglich ihres Aufwand/Nutzen-Verhältnisses werden Komponenten entfernt, die ursprünglich nützlich waren, aber im Laufe der Zeit unwichtig, ineffizient oder zu teuer wurden. Oder es wird versucht die Funktionalität einer Komponente durch ein anderes Element des Systems erledigen zu lassen. Dieser Ansatz ist ein wesentlicher TRIZ-Bestandteil und lässt sich auch in anderen TRIZ-Werkzeugen finden (z. B. Innovative Grundprinzipien). Ein Beispiel ist die Entwicklung des Fotoapparats. Der Fotoapparat wurde im Laufe der Zeit immer komplizierter durch viele manuelle Einstellungsmöglichkeiten (Belichtungszeit, Blende, Entfernung). Die heutigen Digitalkameras stellen die nötigen Funktionen selbst ein.

4. Zunehmende Integration

Unter Integration wird in diesem Zusammenhang das Zusammenführen von unterschiedlichen Funktionen verstanden. So ist z. B. ein Handy heute nicht mehr nur ein Telefon. Vielmehr ist es ein Kommunikationscenter mit integrierter Digitalkamera, Spielekonsole, Navigationssystem, usw. Funktionen, die früher von vielen Geräten erledigt wurden findet man nun in einem System.

5. Evolution mit passenden und gezielt nicht passenden Komponenten

Das System wird um Funktionen erweitert, die zur Erhöhung der Funktionalität eines Systems beitragen oder sogar der gewohnten Funktion des Systems widersprechen. Kernfunktion von Tankstellen war der Verkauf von Benzin. Als passende Erweiterung kann der Verkauf von PKW-Zubehör gesehen werden. Eine systemfremde aber dennoch erfolgreiche Erweiterung war den Verkauf von Lebensmitteln.

6. Miniaturisierung und verstärkter Einsatz von Feldern

Viele Systeme zeichnen sich dadurch aus, dass sie immer kleiner werden. Bekanntestes Beispiel sind Computer. Aber auch zunehmender Einsatz von Feldern, wie beispielsweise bei Funknetzwerken oder auch beim Öffnen von Autos durch Funkübertragung, führt zu Innovationen.

7. Zunehmende Segmentation und Separation

Um einen Laptop möglichst klein und leicht zu machen wurden Komponenten, die nicht ständig verwendet werden, aus dem System herausgenommen bzw. separiert. Für den Einsatz dieser Komponenten wurden modulare Systeme entwickelt, wie z. B. USB-DVD-Player oder USB-Diskettenlaufwerk.

8. Evolution in Richtung reduzierter menschlicher Interaktion

Durch Entwicklungen im Bereich der Wirtschaftsinformatik und Informationstechnik sind menschliche Interaktionen in vielen Bereichen überflüssig geworden. Das System kann selbstständig Prozesse auslösen und durchführen. Durch diese Entwicklung lassen sich einzelne Vorgänge (z. B. automatische Scheibenwischer-Steuerung) aber auch komplexere Prozesse (z. B. Bestellauslösung im Supermarkt) automatisieren [GIMP00, S.107].

Anhand dieser acht Entwicklungsgesetze kann man nun sein System einordnen und feststellen, in welchem Bereich Entwicklungspotentiale vorhanden sind.

2.10 ARIZ

Unter *ARIZ* versteht man einen Algorithmus für das systematische Problemlösen. Ursprünglich war ARIZ als umfassende Zusammenführung sämtlicher TRIZ-Tools vorgesehen. Eine komplette Integration gelang zwar nicht, jedoch sind einige der in dieser Arbeit beschriebenen Tools in ARIZ vorhanden. ARIZ wurde im Laufe der Zeit immer weiter entwickelt. Folglich werden in der Literatur unterschiedlichste Versionen behandelt, die in der Regel mit der Jahreszahl gekennzeichnet sind (z. B. ARIZ 68, ARIZ 77 [ZOBE06, S. 26; ALTS98, S. 231-241]). Angewendet wird dieser Algorithmus überwiegend bei komplexen Problemstellungen (bei ca. 10% aller Innovationen). Bei einfacheren Problemen empfiehlt sich zunächst die Anwendung der einzelnen TRIZ-Tools [KLEI07, S. 83].

3 Anwendung von TRIZ

Wie bereits erwähnt, hat TRIZ seine Grundlage in der Analyse von tausenden von Patenten. Die dabei untersuchten Patente und deren Problemlösungen sind jedoch überwiegend aus dem technischen Bereich gewählt. Auch findet man in der Literatur und auch in dieser Arbeit bislang überwiegend technische Beispiele zur Erklärung der einzelnen Vorgehensweisen. Deshalb drängt sich der Gedanke auf, dass die vorgestellten TRIZ-Werkzeuge auch nur auf rein technische Problemstellungen anwendbar sind. Dass dies nicht zwingend der Fall sein muss und welche Methoden bzw. Techniken sich dazu eignen, TRIZ in anderen Bereichen einzusetzen, wird im folgenden Kapitel behandelt.

3.1 TRIZ zur Senkung der Herstellkosten

Auf Grundlage der bereits besprochenen Widerspruchsmatrix wird nun gezeigt wie diese verwendet werden kann um die Herstellkosten (HK) eines Unternehmens zu senken [SCHL06, S. 289-307].

Die beiden wesentlichen Bestandteile der Widerspruchsmatrix sind zum einen die 39 technischen Parameter und zum anderen die 40 Innovativen Grundprinzipien (IGP; vgl. Kap. 2.7.1). Die ersten beiden Schritte bestehen nun darin die 39 technischen Parameter sowie die 40 IGPs auf ihre Kostenrelevanz zu untersuchen, mit dem Ziel die klassische Widerspruchsmatrix zu reduzieren.

Bei der Analyse der 39 technischen Parameter lassen sich 16 „Ökonomische Parameter" herausfiltern, die in direktem Verhältnis zu den HK stehen (Parameter 12, 13, 14, 21, 22, 23, 26, 27, 28, 29, 30, 31, 32, 36, 37, 38; vgl. Abb. 5). Diese 16 Parameter werden nun analog zu der klassischen Widerspruchsmatrix in einer 16x16-Matrix (Herstellkostenmatrix) eingetragen. Die dazugehörigen IGPs werden zunächst mit übernommen.

Bei den 40 IGPs können insgesamt acht kostenrelevante „ökonomische Grundprinzipien" (ÖGP; IGP 3, 5, 6, 16, 22, 26, 27, 28; vgl. Abb. 6) identifiziert werden, die in der Herstellkostenmatrix markiert werden. Diese neue Matrix kann nun für herstellkostenrelevante Problemstellungen herangezogen werden.

Dieses Beispiel zeigt, dass die Widerspruchsmatrix eine universell einsetzbare Methode ist. In Verbindung mit den klassischen Kreativitätstechniken hilft sie auch außerhalb der Ingenieurswissenschaften Probleme zu lösen.

3.2 Business-TRIZ

Auch im Managementbereich unterstützt die TRIZ-Methode die Problemlösung. Grundlage für das so genannte Business-TRIZ sind die 40 innovativen Grundprinzipien (IGP)(vgl. Kap. 2.7.1).

Wenn man von der technischen Sichtweise Abstand gewinnt, lassen sich die klassischen 40 innovativen Grundprinzipien auf sämtliche Fachbereiche anwenden. Anhand des ersten Grundprinzips wird in Abbildung 9 gezeigt, wie eine mögliche Interpretation des ersten IGPs auf den Management-Bereich angewendet werden kann. Die Unterpunkte A, B und C sind identisch mit der klassischen Beschreibung des ersten IGPs.

IGP 1: Prinzip der Zerlegung bzw. Segmentierung

A. Unterteile ein Objekt in unabhängige Bestandteile
- Unterteile ein Unternehmen in verschiedene Produktbereiche
- Autonome Profit-Zentren
- Segmentierung von Großprojekten in Teilziele/Teilaufgaben
- Einsatz von Franchise-Unternehmen
- Kano-Diagramm: Produktattribute bezüglich Begeisterungsfaktoren, Grundbedürfnisse und und Leistungsattribute definieren
- Marktsegmentierung durch Demographie, Geographie, Soziographie, Psychographie, etc.
- SWOT-Analyse (Strength, Weakness, Opportunity, Threat)

B. Führe das Objekt zerlegbar aus
- Flexible Rentenmodelle
- Einsatz von Zeitarbeitern für Kurzzeit-Projekte
- Flexible Fertigungssysteme
- Modulare Einrichtung
- Containerfracht

C. Erhöhe den Grad der Zerlegung eines Objektes
- Qualitätszirkel
- "Bevollmächtigung", Segmentierung der Entscheidungsfindung
- Distance Learning
- Virtuelle Büros, Heimarbeit

Abb. 9: Betriebliche Interpretation IGP1 (in Anlehnung an [MANN99, S. 2])

Für jedes der 40 IGPs existieren analog zu diesem Beispiel betriebswirtschaftliche Lösungsbeispiele. Da bisher noch keine Widerspruchsmatrix für den Business-Bereich formuliert ist, kann derzeit noch nicht von einem bestehenden Widerspruch direkt auf bis zu vier Innovative Grundprinzipien zugegriffen werden. Deshalb ist eine Untersuchung sämtlicher innovativer Grundprinzipien empfehlenswert [MANN99, S. 1].

Bei diesem Beispiel wird deutlich, dass die Interpretation der IGPs von entscheidender Bedeutung für deren Anwendung ist. Auch diese Vorgehensweise ist für sämtliche Bereiche vorstellbar, nicht nur für Managementaufgaben, sondern auch im Bereich der Buchführung und bei sämtlichen anderen Prozessen [MIEC07].

3.3 TRIZ-Software

Aufgrund der Tatsache, dass sich systematische Vorgehensweisen gut automatisieren lassen, wurden ab 1992 erste Software-Firmen in den USA gegründet, die sich mit der TRIZ-Methodik beschäftigen. Zu den erfolgreichsten Unternehmen dieser Art weltweit zählen die *Invention Machine Corporation (www.invention-machine.com)* und *Ideation International (www.ideationtriz.com)*. In Deutschland brachte die *Tri-Solver GmbH & Co. KG (www.trisolver.de)* 1998 die erste TRIZ-Software auf den Markt.

Da Kreativität bei Innovationen jedoch im Vordergrund steht, beschränkt sich der Software-Einsatz im Allgemeinen bislang auf unterstützende Tätigkeiten. Der Arbeitsaufwand kann durch Software reduziert werden, jedoch sollte vor dem Einsatz bereits ein Verständnis für die einzelnen TRIZ-Werkzeuge vorhanden sein [KLEI07, S. 211-212]. Aus diesem Grund und da der Einsatz von TRIZ-Software in der Praxis umstritten ist [MIEC07], wird in dieser Arbeit auf einen Vergleich der verschiedenen Software-Pakete verzichtet.

4 Best Practice: Wittenstein AG

Die Wittenstein AG ist ein deutsches innovatives Hightech Unternehmen. Die acht Tochterunternehmen entwickeln, produzieren und vertreiben weltweit, unter anderem, hochwertige Planetengetriebe, komplett elektro-mechanische Antriebssysteme sowie AC-Servosysteme und -motoren. Diese finden Anwendung in Robotern, in der Förder- und Verfahrenstechnik, in der Verpackungstechnik, in Werkzeugmaschinen, in der Medizintechnik sowie in der Luft- und Raumfahrt. 85% des Umsatzes wird durch Produkte erzielt, die nicht älter als fünf Jahre sind [HERR07].

Das Tochterunternehmen Wittenstein intens GmbH beschäftigt sich mit der Entwicklung innovativer Produkte im Bereich der Medizintechnik. Als erstes Projekt nach der Ausgliederung aus dem Hauptunternehmen entwickelte das Tochterunternehmen auf Grundlage der vorhandenen Antriebstechnologie ein intelligentes Implantat zur

Knochenverlängerung im menschlichen Körper (FITBONE®; www.fitbone.de). Die zügige Entwicklung ist zum Großteil dem Einsatz von TRIZ zuzuschreiben.

Bevor auf diese Innovation näher eingegangen wird, noch einige Anmerkungen über die generelle Verfahrensweise des Unternehmens bei der Ideenfindung.

4.1 TRIZ bei der Wittenstein AG

Seit 2002 verwendet die Wittenstein AG TRIZ in seiner technischen Ausprägung für Produktinnovationen, vier Jahre später setzte man TRIZ auch für Probleme im Management und in weiteren Bereichen ein. Wichtig war der Geschäftsleitung, dass in jeder Abteilung ein TRIZ-Consultant eingesetzt ist, der die Abläufe dokumentiert, festhält und nach Innovationen Ausschau hält. Aber auch alle anderen Mitarbeiter werden jährlich geschult und für das Thema Innovation sensibilisiert.

Sobald eine Innovation nötig ist, findet in der Regel ein 2-3stündiger Workshop statt. Erfolg versprechend ist hierbei der Einsatz von Mitarbeitern aus unterschiedlichen Fachbereichen. Prinzipiell hält man während des Workshops jede neue Idee schriftlich fest und Kritik an den Vorschlägen ist verboten.

Hauptthema des Workshops bei der Wittenstein AG ist die systematische und ausführliche Abarbeitung der Innovationscheckliste. Schon in dieser Phase werden oftmals Fehler aufgedeckt und mögliche Lösungspotentiale ermittelt, so dass weitere TRIZ-Werkzeuge, wie die Widerspruchsmatrix oder die Separationsprinzipien nicht mehr nötig sind. Zusätzlich dazu werden auch weiterhin klassische Kreativitätswerkzeuge verwendet. In der Regel entwickeln sich im Laufe eines Workshops zwischen 30 und 60 Ideen. Bei einem Folge-Treffen, eine Woche später, wird durch erneute Bearbeitung der Vorschläge knapp die Hälfte ausgefiltert. Diese restlichen Innovationsvorschläge werden weiter verfolgt.

Im Vergleich zu den traditionellen Ideenfindungsprozessen stellte die Wittenstein AG fest, dass durch TRIZ 30-50% der Ideen bereits im Vorfeld ausgeschlossen werden, was eine deutliche Effizienzsteigerung mit sich bringt [MIEC07].

4.2 Entwicklung FITBONE®

Bisher wurden zum Ausgleich von Arm- und Beinlängendifferenzen in der Medizin externe Halteapparate (Fixateur-Systeme) verwendet. Der Knochen wurde durch Nägel an zwei Stellen fixiert und mit Stellschrauben von außen verlängert. Die Probleme waren neben einem erhöhten Infektionsrisiko starke Schmerzen, schlechter Trag-komfort, starke Narbenbildung, lange Behandlungsdauer (9-18 Monate) und hohe Behandlungskosten [WITT07].

Bei der Entwicklung einer alternativen Behandlungsmöglichkeit wurden die beiden TRIZ-Werkzeuge *Ideales Endresultat (IER)* in Verbindung mit der *Widerspruchs-analyse* angewandt.

Für dieses Problem formulierte die Wittenstein AG folgendes IER:

> *„Das IER ist ein System, das der Patient nicht spürt, keine offenen Wunden verursacht und somit nicht wahrgenommen wird. Trotzdem wächst der Knochen schmerzfrei in beliebiger Länge."*

Nach der Formulierung des IER wurden mit Hilfe der Widerspruchsmatrix zunächst die technischen Parameter identifiziert. Als zu verbessernde Parameter wurden 30, 31 und 39 ermittelt. Die damit verbundenen unerwünschten Parameter waren 10, 15 und 33 (vgl. Abb. 10). Anschließend wurden die gefundenen IGPs auf Umsetzbarkeit untersucht.

Sich verschlechternder Parameter — Zu verbessernder Parameter		1 Masse des beweglichen Objekts	10 Kraft	15 Haltbarkeit des beweglichen Objekts	33 Bedienkomfort
1	Masse des besweglichen Objekts	X	8 10 18 37	5 34 31 35	35 3 2 24
30	Von außen auf das Objekt wirkende schädliche Faktoren	22 21 27 39	13 35 39 18	22 15 33 28	2 25 28 39
31	Vom Objekt selbst erzeugte schädliche Faktoren	19 21 15 39	35 28 1 40	15 22 33 31	alle
39	Produktivität	35 26 24 37	28 15 10 36	35 10 2 18	1 28 7 19

Abb. 10: Identifikation der Widersprüche mit zugehörigen IGPs

Die in der Matrix unterstrichenen IGPs wurden als Erfolg versprechend eingestuft und für die Problemlösung verwendet:

IGP 7: Prinzip der Steckpuppe [ALTS98, S. 134]

- Ein Objekt ist im Inneren eines anderen untergebracht, das sich wiederum im Inneren eines dritten befindet usw.

- Ein Objekt verläuft durch den Hohlraum eines anderen Objektes.

IGP 15: Prinzip der Dynamisierung [ALTS98, S. 137]

- Das Objekt ist in Teile zu zerlegen, die sich zueinander verstellen oder verschieben lassen.

IGP 28: Prinzip des Ersatzes mechanischer Wirkprinzipien [ALTS98, S. 141]

- Elektrische, magnetische bzw. elektromagnetische Felder sind für eine Wechselwirkung mit dem Objekt auszunutzen.

Die Verwendung der beiden TRIZ-Tools führte zu einem Ergebnis, dass dem IER vollkommen entsprach. Es wurde ein vollimplantierbares System entwickelt, das in den Hohlraum des Knochens platziert wird (→ IGP 7). Das System besteht aus einem speziellen Distraktionsmarknagel. In diesem Nagel ist ein elektrisches System integriert, welches den Nagel und damit den Knochen täglich um einen Millimeter verlängert (→ IGP 15). Die Energie erhalten der Antriebsmotor und das Getriebe durch induktive Übertragung. Der Patient legt einen Sender an der entsprechenden Empfängerstelle unter der Haut an zur Energieübertragung mittels Mikrowellen (→ IGP 28).

Dadurch entstehen keine offenen Wunden und gleichzeitig verringert sich das Infektionsrisiko des Patienten. Die Schmerzen werden verringert und die stationäre Behandlungsdauer reduziert sich erheblich. Der Tragekomfort ist deutlich erhöht. Weltweit wurden bislang 600 FITBONE®-Implantate erfolgreich eingesetzt [STAU07].

5 Kritik an TRIZ

Die beschriebenen Beispiele belegen, wie TRIZ den Innovationsprozess in nahezu allen Fachbereichen systematisiert und dadurch beschleunigt. Die Hauptschwierigkeit bei TRIZ liegt darin, die abstrakt formulierten Prinzipien, Parameter und Leitfäden auf die reale Problemstellung zu transformieren. Außerdem darf nicht erwartet werden, dass die einzelnen Werkzeuge die Probleme direkt und ohne Zusatzarbeit lösen. In erster Linie dienen die TRIZ-Methoden dazu, das eigentliche Problem detaillierter darzustellen und bei Entwicklern unterschiedlichste, neue Denkanstöße zu stimulieren. Die Denkblockaden, die bereits im Grundschulalter unbewusst aufgebaut werden [GIMP00, S. 4], brechen durch TRIZ auf. Zusätzlich wird die Ideensuche in die richtigen Bahnen gelenkt.

Trotzdem spielt die menschliche Kreativität auch bei künftigen Innovationen die entscheidende Rolle. Innovation kommt nicht von TRIZ, sondern vom Anwender. Verlässt man sich zu sehr auf die TRIZ-Methodik, so hemmt dies die Kreativität, anstatt sie zu fördern.

Eine Grundvoraussetzung für sämtliche Innovationen ist das Wissen über gewünschte Innovationen. Wahllose Erfindungen, die nicht vom Markt akzeptiert werden, sind unwirtschaftlich. Eine intensive Marktforschung (sog. Markt-TRIZ bei der Wittenstein AG) zeigt auf, wo Bedarf an Verbesserungen besteht [MIEC07].

Quellenverzeichnis

[ALTS98]	Altshuller, Generich S.: Erfinden. Wege zur Lösung technischer Probleme. Limitierter Nachdruck der 2. Aufl., Verlag Technik, Cottbus 1998.
[GIMP00]	Gimpel, B. et al.: Ideen finden, Produkte entwickeln mit TRIZ. Hanser Verlag, München Wien 2000.
[HERR07]	Hermann, M.: Das FN-Unternehmensporträt: Unternehmen mit Herz für Roboter und Menschen. In: http://www.wittenstein.de/downloads/wittenstein_ portrait2.pdf. Informationsabfrage am 12.05.2007.
[KLEI07]	Klein, B.: TRIZ/TIPS. Methodik des erfinderischen Problemlösens. 2.Aufl., Oldenbourg Verlag, München 2007.
[LIVO02]	Livotov, P.; Petrov, V.: Innovationstechnologie TRIZ. Produktentwicklung und Problemlösung. TriSolver Consulting, Hannover 2002.
[MANN99]	Mann, D.; Domb, E.: 40 Inventive (Business) Principles with Examples 1999. In: http://www.triz-journal.com/archives/1999/09/a/ndex.htm. Informationsabfrage am 12.05.2007.
[MIEC07]	Interview mit Miecznik, B.; Innovationsmanager Wittenstein AG in Igersheim, geführt am 30.05.2007 von Axel Burkhardt.
[SCHL06]	Schlösser, T.: Herstellkosten senken mit Hilfe der Widerspruchsmatrix. In: Grundlach, C.; Nähler, H.: Innovation mit TRIZ. Konzepte, Werkzeuge, Praxisanwendungen. 1.Aufl., Symposium Publishing GmbH, Düsseldorf 2006, S. 289-332.
[WITT07]	Wittenstein intens Medizintechnik: Entwicklung innovativer Behandlungskonzepte. In: http://www.fitbone.de/fitbone_intens_dateien/Intens_Flyer_d.pdf. Informationsabfrage am 07.06.2007.
[STAU07]	Stauch, R.: Motor dreht, Knochen wächst. In: http://www.wittenstein.de/ medizin_und_technik_1_2007_Motor_dreht_Knochen_waechst.pdf. Informationsabfrage am 06.06.2007.
[ZOBE06]	Zobel, D.: TRIZ für alle. Der systematische Weg zur Problemlösung. Expert Verlag, Renningen 2006.